AF586724

DISCOURS

PRONONCÉ A LA

DISTRIBUTION DES PRIX

DE LA

MATERNITÉ DE PARIS

PAR

M. le Docteur POTOCKI

Le 30 Juin 1903

(Extrait du *Journal des Sages-femmes*)

PARIS
IMPRIMERIE TYPOGRAPHIQUE JEAN GAINCHE
15, Rue de Verneuil, 15

1903

DISCOURS

DE

M. LE DOCTEUR POTOCKI

MESDAMES,

Pour la seconde fois, j'obéis à cet usage séculaire qui veut qu'à votre sortie de la maison d'accouchements, un de vos maîtres vous présente nos adieux et vous souhaite plein succès dans votre nouvelle carrière.

Cette fois, l'éclat de la cérémonie se trouve encore rehaussé par la présence de notre éminent Directeur général qui, après avoir été assis aux conseils du gouvernement, a regardé comme un honneur de consacrer ses journées et ses veilles aux pauvres et aux malades que son cœur généreux affectionne, à ces déshérités de la vie, qu'il est du devoir de la société d'aider et de secourir.

En 1899, la distribution des prix avait eu lieu comme par le passé, dans ce vieil amphithéâtre où nous sommes réunis ; mais devant nous, dans cette partie de l'enclos de Port-Royal, appelée *le Bois*, les ouvriers avaient creusé la terre et les murs de la nouvelle Maternité s'élevaient déjà au-dessus du sol. Or, les hommes sont toujours de grands enfants, et je me réjouissais de voir vos visages radieux et vos claires toilettes égayer le nouvel amphithéâtre des nouveaux bâtiments, si j'avais une autre fois l'honneur de prendre la parole un jour de distribution de prix. Ce jour est arrivé, mais le nouvel amphithéâtre reste plongé dans le silence. Je n'en suis pas autrement fâché, car la salle vénérable qui nous abrite va sans doute changer de destin, et ce m'est une satisfaction de nous y voir encore réunis une dernière fois.

La Maternité est à un tournant de son histoire. Elle quitte, après cent ans d'existence, les vieux murs où elle était trop à l'étroit, pour se loger dans un palais somptueux où l'hygiène règne en maîtresse. Puisse sa gloire rayonner sur le siècle qui commence comme elle a rayonné sur le siècle passé !

Cet amphithéâtre fut le témoin de vos *examens* et de vos *concours* ; c'est ici que, toutes tremblantes d'émotion, mises au supplice par la crainte de mal répondre, convaincues d'avoir oublié tout ce que vous aviez appris, vous vous êtes assises devant vos juges, juges bienveillants, mais impassibles. Leur vue vous impressionnait, mais combien plus vous souffriez de la présence derrière vous de cet aréopage féminin formé par vos compagnes, dont chacune représentait un petit juge sévère et quelquefois implacable, car l'indulgence se rencontre rarement chez les égaux et rien n'est dur chez l'homme comme l'homme lui-même !

Au temps de mon internat dans cette maison, les élèves de la Maternité se présentaient encore devant le jury d'examen en robe de ville et en chapeau, comme le font les élèves sages-femmes de la Faculté de médecine. C'était un spectacle vraiment pittoresque, et maintes fois la malignité trouvait un aliment dans la forme surannée, les couleurs trop vives et mal assorties ou les ailes trop déployées que la modiste avait imposées à la coiffure. C'est probablement ce qui fit abandonner, il y a du reste peu d'années, cette antique coutume, et aujourd'hui vous vous présentez devant le jury dans votre tenue de tous les jours, comme si vous assistiez à une simple leçon, en tant que pensionnaires. Il ne faut pas oublier cependant que ce sont de véritables examens d'Etat. Ce ne sont plus des examens de fin d'année, comme vos professeurs vous en font passer, ni de simples examens de sortie vous conférant des diplômes sans valeur légale. Non, l'examen que vous passez ici, dans des conditions un peu particulières, vous confère un certificat d'aptitude qui vous donne droit au diplôme de sage-femme sans nouvelle formalité. Ce diplôme était autrefois un diplôme de 2e classe, mais en 1856, Paul Dubois, chirurgien en chef de la Maternité, obtint qu'il fût de 1re classe et c'est pourquoi vous avez maintenant le droit de vous installer en n'importe quelle région de la France.

Il y a donc pour vos examens de sortie un contrôle effectif dont vous trouvez la manifestation en ceci : que le président du jury est un professeur de l'Ecole de médecine, (cette année, c'était M. le professeur Budin, représentant de l'Etat), et qu'un des juges est un accoucheur des hôpitaux, délégué de l'Administration de l'Assistance publique. Les autres juges sont vos trois professeurs officiels de l'Ecole. La valeur de leur enseignement est donc contrôlée par le représentant de l'Etat et par le délégué de l'Assistance publique. Mais ils font partie de votre jury et peuvent, à l'occasion, lors de réponses un peu insuffisantes de votre part, soutenir votre cause et, en bons maîtres, animés de sentiments quasi-paternels, invoquer en votre faveur votre application soutenue dans vos études, votre valeur en clinique et la perfection des soins que vous donnez aux malades. Tous les ans, il est des élèves qui bénéficient de ces circonstances atténuantes, et cette année le fait s'est encore produit. Deux élèves cependant n'ont pas été admises.

Peut-être voudront-elles persévérer en restant encore à la Maternité ? En cela, elles ne feraient que suivre de bons exemples, puisque l'une de vous qui avait été jugée insuffisante l'an dernier et qui a redoublé sa seconde année d'études, vient d'être reçue à ses examens avec une excellente note.

Il y a donc un contrôle à l'enseignement que vous recevez et une sanction à votre travail. Ce contrôle effectif est une garantie de l'excellence de l'enseignement donné à la Maternité. Il est en outre votre sauvegarde, car, depuis l'affectation exclusive du service d'accouchements de Beaujon à l'enseignement clinique des élèves sages-femmes de l'Ecole de Médecine, l'opinion eût pu s'accréditer que vos études deviendraient inférieures à celles de vos collègues de la Faculté. Il n'en est heureusement rien et vos réponses aux examens l'ont bien prouvé au jury. Au reste, si le programme et la durée des études sont les mêmes à Beaujon et à la Maternité, si l'enseignement clinique est donné dans les deux écoles avec toute l'ampleur désirable, on peut dire que les élèves de la Maternité bénéficient d'un incomparable avantage qui résulte de leur situation d'élèves internes. Grâce au système de l'internat, en effet, aucun des faits intéressants qui se produisent dans le service ne leur échappe.

Survient-il une opération, un accident quelconque subit chez une femme enceinte ou en travail, que ce soit le jour ou même la nuit, vite, la cloche se fait entendre, la sonnette retentit et tout le joyeux essaim des élèves se précipite à l'amphithéâtre d'opération. Là les circonstances du fait clinique leur sont exposées, les notions théoriques qui s'y rattachent leur sont rappelées en quelques mots, la conduite à tenir est déduite des circonstances particulières du cas et le traitement est appliqué immédiatement sous leurs yeux. C'est là la vraie leçon de choses, celle qu'on n'oublie jamais, c'est la théorie illustrée par le fait, c'est la théorie devenue vivante et agissante.

Supposez un instant que vous soyez élèves externes, assujetties seulement à l'assistance aux cours, et à la présence aux heures et aux jours de garde, c'est, en dehors de ces moments, tous les faits importants qui vous échappent : votre instruction clinique en serait donc moins complète. Telle est la cause de la bonne réputation de la Maternité et de l'empressement que mettent les futures sages-femmes à y entrer pour y faire leurs études.

Vous êtes toujours appelées à l'amphithéâtre, assez à temps pour que vous puissiez suivre de vos yeux les préparatifs de l'opération. Vous voyez de quelle façon se réalisent l'asepsie des objets de pansement, et des instruments, l'asepsie du champ opératoire, des mains des aides et de l'opérateur. Vous voyez quelles minutieuses précautions sont prises pour éviter toute faute de propreté. Vous vous rendez compte des cas dans lesquels on a recours à l'anesthésie et de ceux où celle-ci est rejetée comme inutile ou dangereuse. Vous suivez l'administration du chloroforme, et quoique les accidents chloroformiques soient absolument exceptionnels chez les femmes en couches, vous avez pu néanmoins observer comment on y remédie. Combien d'autres points que vous notez encore et dont je n'ai pas le temps de vous faire même l'énumération. Enseignement admirable, dont bien peu sont à même de bénéficier à un égal degré !

Vous êtes donc des privilégiées. Aussi ne vous plaignez pas trop lorsque vos nuits sont interrompues par l'appel à l'amphitéâtre. Dites-vous que vous allez vous instruire et soyez convaincues qu'à chacune de ces fatigues correspond un degré de plus dans votre savoir et votre expérience. Dites vous qu'on n'acquiert rien sans peine, et que c'est précisément ce qui a été le plus dur à apprendre qui est le mieux retenu. La part que les unes après les autres, sous l'œil vigilant de notre sage-femme en chef, vous prenez à ces préparatifs est pour vous un stimulant véritable. Vous concourez ainsi, chacune dans votre sphère et dans la mesure de vos moyens, au succès de l'opération. Vous devenez ainsi pour l'accoucheur des collaboratrices dont la responsabilité est en jeu et une part du succès vous revient. C'est pour vous un motif de légitime fierté.

L'opérateur, réduit à ses propres forces, est dans l'incapacité de rien faire ou de faire bien. On a l'habitude de dire et vraiment il y a un grand fond de vérité dans cette assertion, que tant vaut l'aide, tant vaut le chirurgien. Voulez-vous que nous prenions un exemple qui vous est familier, pour vous montrer le rôle capital rempli par la sage-femme quand elle sert d'*aide* à l'accoucheur.

Voici à faire une application de forceps difficile. Le médecin a appliqué la première branche, il y a eu beaucoup de peine, mais cependant la cuiller est bien placée. Il est satisfait et il confie cette première branche à son aide. La seconde cuiller, vous ne l'ignorez pas, est conduite et arrêtée en un point symétrique de celui qui était occupé par la première, puis elle doit être articulée avec celle-ci. Si l'aide est instruit, intelligent et non jaloux, comme le voulait Pajot, l'articulation sera aisée, car la première branche n'aura pas bougé. Que si l'aide malhabile, ignorant, inattentif, insouciant, a déplacé cette branche, l'articulation n'est plus possible, l'application de forceps est manquée, et alors ou bien l'opérateur articulera vaille que vaille, au risque d'échouer dans l'extraction et de blesser l'enfant, ou bien il se verra obligé de retirer les cuillers et de recommencer. Pareil échec retarde le moment de la délivrance et peut suffire à mettre en grand danger les jours de la mère et de l'enfant ! Vous touchez ici du doigt le rôle capital de l'aide : vous serez, je l'espère, plus tard, dans la pratique civile, les aides idéales que les médecins aiment à avoir auprès d'eux.

Il n'est pas donné à tout le monde de savoir bien aider. Un chirurgien éminent de mes amis assistait dernièrement un de ses internes auquel il faisait pratiquer une hystérectomie. L'opération marcha cahin-caha. Pourquoi ? Simplement parce que ce chirurgien, qui est un opérateur hors ligne, ne sait pas aider et aidait mal. Il le confessa, du reste, quand tout fut terminé.

Ne méprisez donc pas votre rôle d'aide, vous voyez qu'il est fort honorable et vous en sentez maintenant toute l'importance.

Voulez-vous un autre exemple, auquel vous avez peut-être songé en m'entendant parler ? Un accoucheur doit faire une basiotripsie sur une tête arrêtée au-dessus du détroit supérieur. Que faut-il pour que la perforation puisse s'effectuer et s'effectuer sans danger ? Il faut que la tête soit maintenue solidement au-dessus de l'entrée du bassin. Croyez-vous que le rôle de l'aide chargé de cette besogne ne soit pas capital et qu'on puisse le confier au premier venu ? Assurément non. C'est véritablement un rôle de confiance, et, pour ma part, je trouve plus facile d'introduire le perforateur que de maintenir la tête. Il faut, en effet, de la force pour résister à la tête repoussée en haut par le perforateur ; de l'adresse, pour maintenir la tête en bonne place et éviter qu'elle ne se dévie à droite ou à gauche ; du sang-froid, pour ne pas être impressionné par le bruit que produit le perforateur en frottant sur les os et en les traversant. Dans la basiotripsie, l'importance de l'aide est de premier ordre. Ne l'est elle pas aussi dans la manœuvre de

Champetier ? Et n'en avez-vous pas conscience, quand vous nous voyez demander à Mlle Hénault de vouloir bien nous assister elle-même ?

Si je parle de votre assistance effective dans les accouchements difficiles, pour vous montrer la grandeur du rôle que vous êtes appelées à remplir, ce n'est pas à dire que dans les accouchements simples pour lesquels vous serez appelées comme *garde*, vous soyiez moins utiles. Vous l'êtes d'une autre manière, plus modeste, mais tout aussi importante. Des précautions très délicates que vous aurez à prendre pour assurer l'asepsie dépendra, en effet, la santé de l'accouchée et de son enfant.

Ici un petit point mérite d'être signalé. Il faut à la garde qui va seconder l'accoucheur, entre autres qualités, un genre d'honnêteté spéciale qui touche à la profession. Si la sage-femme soigne une femme atteinte d'infection puerpérale, ou de toute maladie contagieuse, si elle-même est atteinte d'une maladie transmissible ou susceptible d'infecter une accouchée, elle doit le dire et renoncer à se rendre chez la nouvelle cliente. Agir autrement serait non pas indélicat, mais criminel. Ce serait, par fraude, introduire avec soi la maladie, que dis-je ? peut-être même la mort, dans un milieu où on vous accueille à bras ouverts et où on place en vous toute confiance !

Ne craignez donc pas, en pareil cas, de mécontenter les femmes à qui vous avez promis vos soins. Exposez-leur la situation, exposez-la surtout au médecin traitant. Attendez-vous bien à être froidement reçue, car votre abstention imprévue forcera de chercher une autre sage-femme pour vous remplacer. Mais le premier moment d'humeur passé, on vous saura gré de votre franchise et on n'aura pas assez de louanges à vous adresser pour cet acte pourtant si naturel. Au surplus, quand bien même on vous en garderait rancune, vous aurez du moins la satisfaction d'avoir rempli votre devoir. Si, par malheur, vous aviez agi autrement et si, de votre faute, votre cliente était tombée malade et était morte, vous représentez-vous les remords affreux qui déchireraient votre conscience !

Pareille action n'est pas à craindre de vous. Je vous connais assez pour en être certain et je sais que vous resterez toute votre vie dignes de porter haut le titre d'élèves de la Maternité de Paris.

Mais il est un autre mode d'assistance auquel vous pouvez être conviées par les médecins, je veux parler de l'assistance aux opérations chirurgicales et plus particulièrement aux opérations gynécologiques. A ce point de vue, vous avez également fait vos armes dans cette maison. Et, comme Bouilly l'avait déjà proclamé il y a quinze ans dans cet amphithéâtre, je puis vous dire que j'ai trouvé en vous, pendant mes opérations, des *assistantes* propres, intelligentes et zélées; pour mes opérées des gardes-malades dévouées et fidèles. Je souhaite que ces paroles soient entendues et que vous puissiez devenir des auxiliaires pour le médecin ou le chirurgien.

Dans un temps où la pratique obstétricale est loin d'être suffisamment rémunératrice pour assurer aux sages-femmes une situation matérielle en rapport avec leur valeur sociale, il n'est pas indifférent et il n'est que juste qu'elles puissent trouver, à côté de la pratique des accouchements, une voie nouvelle où leur activité s'exercera et où elles trouveront, elles, une source de profit et les malades une garantie de savoir. Je ne vois pas très bien pour quelles raisons on vous empêcherait de faire, d'après les indications et sous la responsabilité du médecin, des pansements gynécologiques, des massages, et toutes sortes de petites interventions, telles que des injections sous-cutanées, etc. Et c'est pour cela que je ne me lasse pas d'insister sur l'utilité qu'il y a pour vous à ne perdre aucune occasion de procéder, sous le contrôle de nos internes en médecine ou de nos aides sages-femmes, à ces exercices de chirurgie mineure, comme les injections sous-cutanées, l'application des pointes de feu, etc. Il serait injuste d'objecter qu'il s'agit là d'exercice illégal de la médecine et que vous n'avez aucunement le droit de sortir de votre domaine! L'objection ne saurait porter, d'abord parce que vous ne feriez rien, j'en suis convaincu, sans y être invitées par le médecin dont vous exécuteriez simplement les prescriptions et sous sa responsabilité, ensuite parce que je ne saurais comprendre pourquoi, votre instruction étant plus étendue et plus solide, il vous serait interdit de faire ce qu'on permet au premier des infirmiers.

Au surplus, vos maîtres vous emploient toutes les fois qu'ils en ont l'occasion pour de tels travaux, et ils n'ont eu qu'à s'en louer ainsi que leurs clientes. Je crois donc que, dans cet ordre d'idées, votre activité aura de plus en plus à s'exercer, aujourd'hui surtout que la chirurgie se démocratise, que les médecins praticiens de province, plus confiants en leur savoir et en leur habileté, font de plus en plus fréquemment des opérations dans leur clientèle, et qu'il leur sera utile d'avoir à côté d'eux des aides intelligentes, instruites et dévouées comme vous l'êtes.

C'est parce que j'étais pénétré de ces idées que, peu de temps après avoir été nommé accoucheur adjoint de la Maternité, j'ai pensé qu'il y aurait utilité à ce que les élèves de cette Ecole eussent des notions pratiques des maladies des femmes.

Et comme, depuis le départ de Bouilly, c'est-à-dire depuis plus de quatre ans à cette époque, la consultation de gynécologie de la Maternité avait été supprimée, je pensai à la rétablir : je savais qu'il faudrait du temps, de la patience, de l'exactitude aussi, pour attirer à nouveau dans notre clinique les malades qui en avaient oublié le chemin, mais j'étais décidé à ne pas me rebuter. Donc, après avoir été approuvé par mon excellent maître M. Porak, et après avoir obtenu l'autorisation de l'Administration de l'Assistance publique, je rétablis la consultation de gynécologie de cet hôpital. M. le directeur de la Maternité, à l'amabilité et à l'obligeance duquel je ne saurais assez rendre hommage, voulut bien m'y aider et nous installâmes cette consultation dans le local qui servait l'après-midi de salle de réunion aux femmes enceintes.

Les premiers jours se passèrent sans consultantes, puis il en vint de temps en temps, si bien qu'au bout de quelques mois la consultation fut régulièrement suivie.

Chaque jour de consultation, une série d'élèves, sous la direction d'un aide-sage-femme, venait donner des soins aux consultantes et interroger les femmes nouvelles. Peu à peu, aides et élèves prirent goût à la clinique gynécologique, et j'eus maintes fois la grande satisfaction de voir mes aides et même de simples élèves faire d'emblée les diagnostics difficiles de kyste de l'ovaire, de fibrome utérin, de grossesse extra-utérine. A tour de rôle, je leur faisais appliquer le spéculum, et procéder à des pansements locaux. Puis quelques femmes plus malades ayant dû être hospitalisées, soignées plus longuement et même opérées, les élèves de la Maternité ont ainsi été à même d'assister à des opérations gynécologiques variées. C'est pendant ces opérations que votre assistance nous a été précieuse ainsi que je vous le disais tout à l'heure, mais c'est aussi au chevet des opérées que vous nous avez montré dans toute leur plénitude ces qualités de douceur, de dévouement et de bonté qui vous rendent d'incomparables garde-malades, attentives au moindre besoin, et procédant avec une intelligence parfaite aux soins particuliers que nécessitent les laparotomies. Ces soins consécutifs constituent un important facteur de guérison. C'est pourquoi j'ai considéré toutes celles d'entre vous qui ont soigné mes opérées comme de véritables collaboratrices, et que, pour leur en manifester publiquement ma gratitude, j'ai plaisir à leur offrir un souvenir sous forme de prix.

J'ai conservé la consultation de gynécologie tant qu'elle se fit dans les vieux bâtiments de la Maternité, c'est-à-dire jusqu'au mois d'octobre 1902. A partir de cette époque, M. Porak la transporta dans les nouveaux bâtiments et en assura le service.

Il est une autre de vos qualités dont je tiens à dire quelques mots, qualité qui vous honore mais qui est toute naturelle, car elle est le propre de tous ceux qui ont l'honneur d'appartenir à la grande famille médicale : vous ne reculez pas devant le danger de la *contagion*, vous ne vous en préoccupez pas quand vous donnez vos soins à des malades, tout en faisant votre possible pour éviter les atteintes du mal, ce qui est légitime et nécessaire.

Et je ne fais pas allusion, bien entendu, à ces contagions vulgaires, auxquelles est plus exposée la sage-femme, comme par exemple dans les cas d'ophtalmie purulente, ou encore et par-dessus tout dans les cas de syphilis, bien que nous prenions la précaution de diriger sur les services spéciaux, les femmes avariées. Je veux parler des maladies contagieuses proprement dites, qui peuvent revêtir le caractère épidémique dans les agglomérations hospitalières.

M. Hervieux, médecin de la Maternité, abordant ce sujet, rendit hommage aux élèves de cette école en termes éloquents que vous me permettrez de reproduire. Parlant de la fièvre puerpérale, qui exerçait autrefois ses ravages dans cette maison où elle était installée à l'état endémique, puis du choléra, qui y sévit, comme dans toute la France, lors de l'épidémie de 1864, il dit :

« Il fut un temps où les épidémies les plus meurtrières se succédaient, je me trompe, se perpétuaient dans cette maison avec une implacable ténacité. Il ne se passait guère d'année sans qu'une de nos élèves ne pérît victime de l'épouvantable fléau. A cette époque néfaste, les élèves, au lieu d'être uniquement affectées comme aujourd'hui au service des accouchées valides, soignaient, pansaient et veillaient les femmes en couches malades, pratiquaient les saignées et les injections, appliquaient les sangsues, les ventouses, les vésicatoires, etc., accomplissant ainsi sans se plaindre cette rude tâche, qu'interrompaient seulement les heures d'études et les leçons des professeurs. Il n'y a pas d'exemple qu'une seule de ces nobles filles, par crainte de la mort ou de la maladie, ait reculé jamais devant cette mission de charité.

« Lorsque sévit à la Maternité l'épidémie cholérique qui régna de 1865 à 1866, c'était encore la même ardeur, la même vaillance, la même intrépidité. Elles étaient là fidèles à leur poste de combat, bravant le double danger de la septicémie puerpérale et du choléra, penchées sur les malades pour leur donner à boire, présidant au renouvellement des alèzes souillées par les déjections alvines, pratiquant des frictions sur les membres pour combattre l'algidité, n'invoquant aucun prétexte pour se soustraire à ces pénibles soins, toujours pleines de zèle, d'entrain et de bravoure, toujours dignes d'admiration, d'autant plus dignes qu'elles n'étaient stimulées par l'attrait d'aucune récompense. »

Vous toutes qui m'écoutez, Mesdames, vous êtes les dignes sœurs de vos aînées, et vous sauriez prouver au besoin que si le dévouement et le courage étaient bannis de la terre, on les retrouverait encore dans le cœur des sages-femmes de la Maternité. Vous nous avez donné cette preuve en ces derniers temps, dans des circonstances qui n'ont pas été dramatiques, grâce à Dieu, mais qui eussent pu le devenir.

L'Asile Michelet, dont j'ai l'honneur d'être le

médecin et où la Ville de Paris hospitalise annuellement deux mille femmes enceintes, est situé non loin d'ici dans un quartier salubre et peu habité ; cependant, au mois de mai 1899, il s'y déclara une épidémie de fièvre typhoïde : cinquante femmes environ devinrent malades, quelques-unes succombèrent. Dès que les femmes de Michelet entrent en travail, elles sont dirigées sur la Maternité, ce qui explique pourquoi c'est à la Maternité que la fièvre typhoïde, contractée à l'asile, fut diagnostiquée, car elle se déclara tout d'abord chez les accouchées après la période d'incubation habituelle qui est silencieuse. Plusieurs accouchées, atteintes de fièvre typhoïde, furent donc en même temps soignées par les élèves sages-femmes dans nos salles. Or, le dévouement de nos élèves fut encore plus grand, si possible, pour ces malades que pour les accouchées saines ; aucune ne fit entendre la moindre plainte ;elles considéraient que tel était leur devoir de soigner ces femmes au même titre que les autres au risque de contagion.

Je ne sais s'il y eut contagion directe, mais je crois bien me rappeler que deux élèves furent atteintes de fièvre typhoïde, dont elles guérirent d'ailleurs.

Cette année, ce n'est plus la fièvre typhoïde, c'est la diphtérie qui entre en scène. Diphtérie ! maladie redoutable et qui continue à répandre la terreur autour d'elle, quoique sa gravité soit bien atténuée depuis l'institution de la sérothérapie ! Les circonstances qui ont entouré l'apparition de la diphtérie à l'asile Michelet méritent d'être signalées, puisque vous les avez vécues pour ainsi dire.

Nous avons eu deux cas avérés de diphtérie, deux cas mortels. C'est encore ici à la Maternité, comme je vous le disais tout à l'heure de la fièvre typhoïde, qu'ils furent observés et diagnostiqués, et vraiment le diagnostic en fut difficile, puisque, pour le premier cas, la diphtérie localisée à l'arbre bronchique ne fut reconnue qu'à l'autopsie et que, pour le second cas, mon ami le docteur Louis Martin, de l'Institut Pasteur, ne fut certain du diagnostic qu'au moment même de la mort.

Donc, le jeudi 5 mars 1903, se réunissait le conseil de surveillance de l'Assistance publique, dont votre maître, M. Porak, fait partie comme délégué des accoucheurs des hôpitaux. M. Porak savait que la première femme dont je viens de vous parler, était morte peu après l'accouchement de bronchite pseudo-membraneuse vraisemblablement d'origine diphtérique, mais il n'en avait pas encore la certitude absolue. C'est que cette localisation de la diphtérie est très exceptionnelle et qu'il faut avant d'affirmer l'existence de la diphtérie, avoir obtenu des cultures pures de Lœffler. La balance penchait toutefois vers ce diagnostic.

Or, le jeudi 5 mars au matin, M. Porak apprenait qu'une femme venant de Michelet et accouchée dans la nuit, avait été prise après sa délivrance d'accidents de suffocation d'une telle intensité que l'interne de service s'était vu obligé de pratiquer d'urgence la trachéotomie, sans qu'il lui eût été possible de reconnaître la cause véritable de cette suffocation, la gorge de la malade ne présentant aucun exsudat. Cette malade fut néanmoins transférée à l'hôpital Pasteur où elle mourut le samedi matin.

Avec un sens clinique admirable, dont je ne me permettrai cependant pas de le féliciter en public par égard pour sa modestie, M. Porak, associant ces deux faits, conclut — et l'événement lui donna pleinement raison — qu'il s'agissait de diphtérie et qu'il y avait à l'asile Michelet un foyer de diphtérie.

Remarquez bien, Mesdames, qu'il m'était impossible d'en soupçonner l'existence, bien que depuis plus d'un mois nous eussions à l'asile Michelet un grand nombre de femmes atteintes de grippe, de catarrhe bronchique, d'angine simple, et que, deux fois par semaine, je prisse soin d'examiner personnellement toutes les femmes malades ou simplement indisposées.

M. Porak, très ému par ces faits, doublement ému, devrais-je dire, car il a la double responsabilité de votre santé et de celle des hospitalisées, en saisit le Conseil de surveillance qui pria M. le directeur de l'Assistance publique de prendre d'urgence les mesures nécessaires. On fit donc connaître par téléphone à M. le directeur des affaires municipales, de qui dépend l'asile Michelet, que la diphtérie régnait à l'asile et que, pour ce motif, il ne serait plus admis aucune femme de Michelet dans aucun des services d'accouchement des hôpitaux de Paris. Grand fut l'émoi à la Préfecture de la Seine ! Du même coup on y apprenait et l'existence d'une épidémie de diphtérie dont on n'avait nul pressentiment, et l'interdiction dont était frappé notre asile et qui nous obligeait à le transformer en service d'accouchement alors que rien n'y était disposé pour cela. Il fallut néanmoins s'y résoudre.

Ce jour-là, il y avait à l'asile 183 femmes enceintes. Or, si notre personnel était à la hauteur des événements par son dévouement et ses connaissances techniques, il était insuffisant comme nombre. Si nos locaux étaient propres, vastes, bien aérés, ils ne pouvaient guère répondre aux exigences d'un service à créer de toutes pièces. Fort heureusement, M. le Préfet de la Seine, désireux de faire tout son possible pour parer à toute éventualité, donna les autorisations nécessaires pour que rien ne fût épargné et qu'on ne se préoccupât que de l'intérêt et de la santé des pauvres femmes confiées à sa bienveillante sollicitude.

J'étais absent de Paris le jour où ces événements se passaient et je ne les appris que le lendemain matin à mon retour ; mais, grâce à l'initiative intelligente et au talent d'organisation de notre directrice, grâce au concours dévoué de nos sages-femmes, une maternité de fortune fut installée en quelques heures dans l'infirmerie de l'asile et ses annexes, et dès le premier jour huit femmes y accouchèrent. Je vous laisse juges du surmenage auquel fut astreint notre personnel ! En même temps, M. le Dr A. J. Martin, inspecteur général de l'assainissement de la Ville de Paris, voulut bien, en mon absence, examiner toutes les femmes au point de vue de la diphtérie et faire procéder aux cultures indispensables. Il trouva quelques femmes suspectes, mais aucune ne présentait des signes indubitables de diphtérie.

C'est seulement trois jours après, le 8 mars, qu'ayant acquis la certitude que la femme envoyée à Pasteur était bien morte de diphtérie, nous fîmes à toutes les hospitalisées des injections préventives de sérum antidiphtéritique. Et il ne se produisit pas de nouveau cas. En somme, nos appréhensions d'abord si vives, s'atténuèrent et, au bout de quelques jours, nous eûmes la grande satisfaction d'espérer qu'il ne nous surviendrait plus de désastres.

Pendant ce temps, cette maternité de fortune, que la force des choses nous avait contraints à organiser à Michelet, fonctionnait avec une activité toute particulière, si bien qu'au bout d'un mois nous arrivâmes exactement au chiffre de cent accouchées.

Ce jour là, 5 avril 1903, nous fûmes certains, M. le Dr A. J. Martin et moi, qu'il n'y avait plus aucun danger de contagion et, à dater de ce jour, la quarantaine fut levée pour Michelet. Nous pûmes à nouveau diriger nos femmes en travail sur les hôpitaux.

Les précautions ont donc été bien prises, car aucun nouveau cas de diphtérie n'a été observé et aucun des nouveau-nés ne contracta le mal, bien que vous sachiez quelle prédisposition les jeunes enfants présentent vis-à vis de cette terrible maladie : il est vrai que nous avions fait aux cinquante premiers nés des injections préventives de sérum antidiphtéritique. En cette occasion, nous avons pu observer quelle innocuité présentent ces injections, non seulement chez les femmes enceintes et nouvellement accouchées, mais même chez les nouveau-nés ; car, en dehors de quelques éruptions passagères, nous n'en observâmes aucun effet pathologique chez les femmes ; quant aux enfants, ils ne présentèrent aucune réaction.

Les femmes de Michelet avaient été mises au courant de la situation et on leur laissa toute latitude de quitter l'asile, mais très peu partirent. Les autres se sont soumises sans difficulté aux injections préventives et je dois dire qu'elles ne manifestèrent aucune crainte. La confiance montrée par nos sages-femmes et par le personnel dans cette circonstance gagna les hospitalisées et elles furent convaincues du peu de danger qu'elles couraient. En fait, tout se passa admirablement dans cette maternité provisoire. Mais nous avions hâte de voir cesser la concurrence que nous faisions involontairement à la Maternité de Paris, car, qnelque bonne volonté et quelque ardeur dont aient fait preuve nos cinq sages-femmes et nos ambulancières transformées en infirmières, elles n'auraient pu continuer davantage, tant était grande leur fatigue. Aussi, permettez-moi de vous dire les noms de vos collègues qui ont rempli leur devoir avec tant de dévouement dans ce milieu infecté, et sans qu'elles aient songé un seul instant qu'elles pouvaient plus que toutes autres contracter la diphtérie par le fait du surmenage. Mlles Chamaud, Demailly, Lubin, Lutrot et Supper, toutes cinq anciennes élèves de la Maternité ont été à la peine, qu'elles soient aujourd'hui à l'honneur !

Vous voyez, mesdames, qu'en tout cela mon rôle a été bien modeste. Je me trouve à mon retour d'une absence de quelques heures, en présence d'un fait accompli, et je n'ai qu'à soigner le mieux possible des femmes suspectes de diphtérie et à accoucher de mon mieux des femmes enceintes, dans un asile transformé soudainement en maternité par ordre supérieur.

Dans cette transformation, je n'ai eu ni initiative à exercer, ni responsabilité à encourir.

Pardonnez-moi de le dire ici avec insistance, car voyez comme on écrit l'histoire ! Quelques jours plus tard, l'émotion première étant dissipée, il se trouva que c'est votre serviteur qui, par je ne sais quelle aberration, avait imaginé l'existence d'une épidémie à l'asile Michelet et s'était fait fort de transformer cet asile en service d'accouchement ! Et ce qui est plus curieux, c'est que votre serviteur eut presque de la peine à se disculper !

Mais laissons là cette question.

Aussi bien, j'ai déjà depuis trop longtemps abusé de votre patience, et cependant je n'ai pas abordé le sujet que je me proposais de traiter devant vous aujourd'hui. Mais rassurez-vous. Je vous rends votre liberté. Je ne voudrais pas, en effet, vous retenir davantage, car j'ai hâte d'entendre proclamer les noms des lauréates et de me réjouir avec elles de leurs succès.

Imprimerie Jean Gainche, 15, rue de Vernuil, Paris.

www.ingramcontent.com/pod-product-compliance
Lightning Source LLC
LaVergne TN
LVHW052031160826
845678LV00003B/1272

* 9 7 8 2 3 2 9 6 3 5 4 2 2 *